CAMPAGNE

DE

PHILIPPE-LE-HARDI

(1372)

(Poitou, Angoumois, Aunis, Saintonge, Anjou, Bretagne)

FRAGMENTS DE DOCUMENTS INÉDITS

PAR

ERNEST PETIT

MEMBRE DU CONSEIL ACADÉMIQUE DE DIJON, CONSEILLER
GÉNÉRAL DE L'YONNE

CAMPAGNE

DE

PHILIPPE-LE-HARDI

(1372)

(*Poitou, Angoumois, Aunis, Saintonge, Anjou, Bretagne*)

FRAGMENTS DE DOCUMENTS INÉDITS

PAR

ERNEST PETIT

MEMBRE DU CONSEIL ACADÉMIQUE DE DIJON, CONSEILLER
GÉNÉRAL DE L'YONNE

CAMPAGNE

DE

PHILIPPE-LE-HARDI

Lorsque le roi Charles V eut décidé la guerre contre les Anglais, et résolu de les chasser des provinces qu'ils occupaient en Poitou, en Aquitaine, dans l'Aunis, la Saintonge, etc., Philippe-le-Hardi, duc de Bourgogne, qui avait contracté l'engagement de l'aider de toutes ses forces, partit le 15 juillet du château de Montbard (1), l'une de ses résidences au duché, pour prendre les derniers ordres de son frère. Il arriva le samedi 24 à Vincennes, et passa une dizaine de jours avec le roi.

Aout 1372. — Il en repartit le mercredi 4 août pour la Bourgogne, afin de hâter le départ des troupes qu'il avait mandées. Quatre jours après il était de retour à Montbard. La duchesse, avant de se séparer de son mari, qui allait entreprendre une campagne longue et pleine de périls, l'accompagna jusqu'à Vézelay (2), où ils se séparèrent le vendredi 13 après dîner.

Le duc et la duchesse n'avaient pas manqué, en passant à Montréal et à Avallon, de faire des

(1) Montbard, ch.-l. canton, arr. Semur (*Côte-d'Or*).
(2) Vézelay, ch.-l. cant. arr. Avallon (*Yonne*).

offrandes aux églises de ces localités, ainsi qu'aux abbayes de la Magdelaine et aux Cordeliers de Vézelay (1).

Philippe-le-Hardi était le 14 à Nevers, et le lendemain dimanche, jour de la Notre-Dame d'août, assistait à la grand'messe dans l'église cathédrale de Saint-Cyr de cette ville, en y laissant les marques habituelles de sa libéralité (2).

Gui de Pontailler, son maréchal de Bourgogne, l'avait déjà précédé, et était parti à la tête des hommes d'armes qui allaient guerroyer pendant toute cette campagne, à la solde et sous l'étendard du duc. Parmi les principaux, on comptait, outre Guy de Pontailler et trois écuyers, plusieurs chevaliers bannerets : Jean d'Artois, comte d'Eu, avec treize chevaliers bacheliers et trente-et-un écuyers — Gibaud de Mello, sire d'Epoisses avec neuf chevaliers bacheliers et treize

(1).... A mon dit seig[r] pour offrir aux reliques de la chappelle de Montréal par mandement de mon dit sg[r].... donné à Montréal XII d'aoust.... III frans....

.... A Monsg[r] pour faire ses offrandes et de madame la duchesse à l'église d'Avallon, V franz, et samblablement en l'église de la Magdelaine à Vedelay, X francz, et pour don aux Cordeliers de Vedelay pour Dieu en aumosne II francz... donné à Vedelay XIIIe d'aoust.... XVII francz (*Archives de la Côte-d'Or, Compte d'Amiot Arnaut*, B. 1438, fol. 49).

(2).... A Monseigneur, pour faire ses offrandes à Saint Soire à Nevers le jour de N.-D. en aoust qu'il oye la grand messe X francz et aux enfans de cuer de la dite église I franc.... XI francz (*Arch. de la Côte-d'Or. — Compte d'Amiot Arnaut*, B. 1438, fol. 49).

écuyers — Jean de Rey et sept écuyers — Raoul de Renneval avec un autre chevalier banneret, six bacheliers et dix-sept écuyers.

Les chevaliers bacheliers Edouard, sire de Saint-Dizier; le bâtard de Poitiers; Jean de Montagu, sire de Sombernon; Jean de Saint-Verain; Guillaume de Crespin; Odille de Montjeu; Pierre de Montagu, sire de Mâlain, avaient des archers et des arbalêtriers sous leurs ordres.

Citons parmi les écuyers bannerets, Jean de Bourgogne; Pierre de Martinpuis — parmi les autres gens d'armes, Charles de Châtillon; Hugues de Château-Morin; Erard, sire de Crux; Odard de la Roche; Robert de Beaujeu — et au nombre des simples écuyers, Guillaume de Marrey; Girard de Saint-Martin; Olivier de Hauterive; Othenin de Salins; Pierre de Tanlay; Poinsot de Savigny; Robert de la Tournelle, etc. (1).

A Nevers étaient arrivées presque en même temps que Philippe-le-Hardi, d'autres recrues retardataires, qui sur son ordre furent reçues en montre par Guy du Trembloy, en l'absence du maréchal Guy de Pontailler (2). Charles de Chastillon, l'un des chambellans, fit acheter de divers

(1) Mandement donné à Saumur, 2 décembre. — *Bibl. nat. Coll. Bourg.* t. 65, fol. 27 r°.

(2) *Bibl. nat. coll. Bourg,* t. 65, fol. 26 r°.

marchands, « cendal, soye, toille et autres choses pour faire pennons, estendars, etc. (1), » et les donner à chacune des compagnies. Après trois jours de séjour à Nevers, le duc repartit le mercredi matin pour Bourges, où il arriva le surlendemain. Son premier soin fut de faire expédier en toute hâte au duc de Berry un de ses chevaucheurs, Tassin le Bougre, avec des lettres closes dont il devait rapporter la réponse (2).

De nouvelles recrues étaient arrivées à Bourges, où le duc ne fit que souper et passer la nuit, sans oublier cependant les moines Cordeliers et Augustins qui vinrent mettre sa générosité à contribution (3). Le 20, il dînait au château de Mehun-sur-Yèvre (4) avec la duchesse de Berry, couchait à Vierzon, et le 21 arrivait à Selles-sur-Cher (5). La journée du dimanche qu'il y passa entièrement, donna aux chevaux fatigués le temps de reprendre haleine. Colinet de l'Espine, huissier de salle, fut chargé de porter des lettres à Olivier de Clisson à Angers, où en tout autre

(1) *Arch. de la Côte-d'Or*, B. 1438, fol. 3 r°.

(2) *Arch. de la Côte-d'Or*. — Mandement, de Bourges, XIX aoust, B. 1438, fol. 53.

(3) *Arch. de la Côte-d'Or*. — *Compte d'Amiot Arnaut*, B. 1438, fol. 19.

(4) Mehun-s.-Yèvre, ch.-l. can. arr. Bourges (*Cher*).

(5) Selles-sur-Cher, canton Salbris, arr. Romorantin (*Loir-et-Cher*).

lieu où l'on pourrait le trouver (1). Hennequin, de Bruxelles, chevaucheur, partit de Selles avec des charretiers, pour chercher, à Romorantin, « certaine quantité d'artillerie qui estoit illec en gaiges, » avec ordre de la ramener à Poitiers (2).

Le duc de Bourgogne coucha le 23 à Montrichard; le 24, à Guiboise (?) chez le seigneur du lieu, et le 25 à Chinon (3). Là, il retrouva un grand nombre de chevaliers et d'écuyers, parmi lesquels se trouvait le comte d'Eu, et sur la nouvelle qui lui fut apportée le lendemain matin par un chevaucheur du duc de Berry, que le captal de Buch et plusieurs capitaines Anglais venaient d'être déconfits (4), il donna un grand dîner à tous les chevaliers de sa compagnie. Des messagers furent expédiés dans diverses directions pour annoncer ces heureuses nouvelles. Jean, de Lisieux, fut envoyé en Bourgogne vers la duchesse et les gens du conseil (5) — Pasquier

(1).... A Colinet de l'Espine, huissier de sale de Monsg[r], pour porter lettres closes de Mg[r] devers M. de Clipson à Angiers ou ailleurs ou il le pourra trouver.... Mandement donné à Celles, XXIe d'aoust... *Arch. Côte-d'Or*. B. 1438, fol. 53.

(2) Mandement.... à Celles, XXIIe aoust. *Arch. Côte-d'Or*. B. 1438, fol. 53.

(3) Chinon, ch.-l. arr. (*Indre-et-Loire*).

(4) *Bibl. Nat. coll. Bourgogne*, t. 21, fol. 8. v°. — Mandement du Duc, donné à Chinon, XXVIe d'aoust.

(5) Mandement à Chinon, XXVIe aoust, *Arch. de la Côte-d'Or*, B. 1438, fol. 54, r°.

de Tours porta, mais pour d'autres motifs, des lettres à Barthélemy Spifame. Des missives furent également adressées au roi, au connétable du Guesclin, à Charles de Poitiers, à Enguerrand d'Eudin, sire de Châteauvillain, qui avait épousé la veuve d'Arnaud de Cervoles, l'Archiprêtre, avec mention de les lui remettre partout où on le trouverait (1).

Les derniers engagements avaient laissé de nombreux blessés, pour lesquels on fit venir de Langres, le chirurgien Thibaut (2). C'était lui qui avait la confiance de la cour ducale, et dernièrement encore la duchesse venait de le faire venir à Rouvre, « pour visiter certaine bleceure qu'elle avoit à la jambe (3). »

De Chinon, toutes les forces Bourguignonnes qui se trouvaient avec Philippe-le-Hardi, y compris les gens d'armes du comte d'Eu, se mirent en route pour aller gîter à Mirebeau (4) le 27, et se réunir le samedi matin 28 aux corps de troupes à Poitiers, dont le duc de Berry avait la direction. Les deux frères de Bourgogne et de Berry dînèrent ensemble à Poitiers et partirent incontinent au devant du sire de Clisson, qu'ils

(1) Mandements, de Chinon, XXVIIe aoust, *Arch. Côte-d'Or.* — B. 1438, fol. 54.

(2) *Arch. Côte-d'Or*, B. 1438, fol. 54.

(3) *Loco citato*, fol. 46.

(4) Mirebeau, ch.-l. can. arr. Poitiers (*Vienne*).

rejoignirent le même jour à Mirebeau. Là, Philippe-le-Hardi les traita tous, Clisson, le comte d'Eu et les chevaliers de leurs compagnies. Il revint passer le dimanche 29 à Poitiers, où devait être arrivée de Romorantin l'artillerie qu'on en avait fait venir. Le 30, il dîna et gîta à Sanxay (1), et le 31 à la Mothe-Sainte-Heraye (2).

— *Septembre.* — Le mercredi premier jour de septembre, Philippe-le-Hardi assistait à la messe dans l'église de Saint-Maixent (3), à laquelle il léguait une aumône (4), et mettait le siège devant le château-fort de cette ville qui le retint quatre jours. Il en partit le samedi 4, après avoir écrit une lettre à la duchesse (5), coucha à Fontenay-l'Abattu (6), le 5 au Bourgneuf-les-La-Rochelle (7), où les ducs de Berry et de Bourbon le rejoignirent le lendemain et dînèrent avec lui. Toute la semaine se passa au Bourgneuf, sauf le mercredi, que les ducs de Bourgogne et de Berry se rendirent à La Rochelle, et revinrent gîter au Bourgneuf, où ils avaient laissé

(1) Sanxay, cant. de Lusignan, arr. Poitiers (*Vienne*).

(2) La Mothe Sainte Heraye, ch.-l. cant. arr. Melle (*Deux-Sèvres*).

(3) Saint-Maixent, ch.-l. cant. arr. Niort (*Deux-Sèvres*).

(4) *Arch. de la Côte-d'Or*, B. 1438, fol. 19.

(5) *Arch. de la Côte-d'Or*, B. 1438, fol. 54, v°.

(6) Aujourdhui Frontenay-Rohan-Rohan, ch.-l. cant. arr. Niort (*Deux-Sèvres*).

(7) Bourgneuf. com^e arr. La Rochelle (*Charente-Inférieure*).

tout leur monde. Avant d'en sortir, Philippe-le-Hardi accepta les nouvelles recrues qui s'y présentèrent, et chargea Guy de Pontailler, son maréchal, de les recevoir à montre (1).

Le dimanche 12, on était « *aux champs devant le chastel de Benoin* (Benon) (2), » qui après trois jours de siège fut pris le mercredi 15.

Le siège de la forteresse de Surgères (3) fut fait sans désemparer et dura quatre jours ; les assiégés firent leur reddition le dimanche 19.

Le lundi 20, Saint-Jean d'Angely (4) se rendit également. Les péripéties de ces faits d'armes n'empêchaient pas les chevaliers de se livrer au jeu. « A Monseigneur tant pour faire sa volenté, comme pour lui esbattre au jeu des dés, tant au Bourgneuf-lez-la-Rochelle comme à Saint Jehan d'Angely, en la compaignie du seigneur de Clipson, du connestable du Guesclin et autres. » Le duc perdit cinquante francs ces deux fois (5).

Le lendemain de la reddition de Saint-Jean d'Angely, Philippe-le-Hardi y entendit la messe, laissa une aumône aux reliques de l'église, et

(1) *Bibl. nat. coll. Bourg.* t. 65, fol. 26 v°.

(2) Benon, ch.-l. cant. arr. Rochefort (*Charente-Inférieure*).

(3) *Surgières* (Surgères, ch.-l. can. arr. Rochefort (*Charente-Inférieure*).

(4) Saint-Jean-d'Angely, ch.-l. arr. (*Charente-Inférieure*).

(5) Mandement donné à Fontenay-le-Comte, XIe d'octobre. — *Arch. de la Côte-d'Or*, B. 1438, fol. 19.

partit après dîner, pour aller souper et gîter à Pont-l'Abbé (1), d'où il écrivit en Bourgogne (2). Il y passa deux jours, puis coucha à Saintes (3) le vendredi 24, gita le 25 au hameau des Chèvres (4), dîna le 26 *devant Coignac* (5), coucha aux Chèvres, le 28 et le 29, aux Cordeliers-les-Saintes, et le jeudi 30 à Banniaux (6).

— *Octobre.*— Le 1er octobre, le duc était encore à Banniaux, le samedi 2 à Aulnay (7), qui fit sa reddition et les trois jours suivants à Melle (8). Les 6, 7 et 8, il dîna devant Niort et coucha à Prahecq (9), le samedi 9 à Fontenay-le-Comte (10). Ce jour, les habitants de la ville capitulèrent, mais le château résista et ne fut pris de force vive que le lendemain dimanche.

Un héraut d'armes du connétable du Guesclin vint trouver le duc (11), le 11 à Fontenay-le-

(1) Pont-l'Abbé, cant. Saint-Porchaire, arr. Saintes (*Charente-Inférieure*).

(2) *Arch. de la Côte-d'Or*, B. 1438, fol. 54 v°.

(3) Saintes, ch.-l. arr. (*Charente-Inférieure*).

(4) *Echévronnes*, Les Chèvres, près Cognac (*Charente*).

(5) Cognac, ch.-l. arr. (*Charente*).

(6) *Banois*, Banniaux, comᵉ d'Exoudun, cant. La Mothe-Sainte-Heraye, arr. de Melle (*Deux-Sèvres*).

(7) Aulnay, ch.-l. cant. arr. Saint-Jean-d'Angely (*Charente-Inférieure*).

(8) Melle, ch.-l. arr. (*Deux-Sèvres*).

(9) *Prey*, Prahecq, arr. Niort (*Deux-Sèvres*).

(10) Fontenay-le-Comte, ch.-l. arr. (*Vendée*).

(11).... A un hérault du connestable de France pour don à lui

Comte, où il séjourna encore le 12, le 13 à Aubepierre, le 14 à Tiffauges (1). En arrivant dans cette localité, Philippe-le-Hardi envoya des missives au roi à Paris, et à la duchesse à Dijon (2). Le 15, il était toujours à Tiffauges ; le 16 au matin *devant Mortagne* (3), le 17 à Tiffauges. Il en expédia de nouveaux courriers pour la Flandre et pour la Bourgogne (4).

Le 18, le duc était à Roche-Servière (5), le 19 à Palluau (6), les 20 et 21 à Venansault (7), le 22 à la Roche-Servière, le 23 à Clisson (8), le dimanche 24 à Saint-Florent-le-Vieux (9), où il entendit la messe. Comme il n'avait pas d'argent sur lui, Guy de la Trimouille et Jehan de Mornay, l'un de ses chambellans, lui prêtèrent trois francs pour les offrir à l'église Notre-Dame de cette ville (10).

fait par Monsg[r], de grâce espéciale, par mandement donné à Fontenay-le-Conte, XIe oct. B. 1438, fol. 46, *Arch. de la Côte-d'Or.*

(1) Tiffanges, cant. Mortagne, arr. La Roche-sur-Yon (*Vendée*).

(2) *Arch. de la Côte-d'Or*, B. 1438, fol. 54 v°.

(3) Mortagne, ch.-l. cant. arr. La Roche-sur-Yon (*Vendée*).

(4) *Arch. Côte-d'Or*, B. 1438, fol. 54 v°.

(5) *La Roche Sirver* (La Roche Servière), ch.-l. cant. (*Vendée*).

(6) *Palual*, Palluau, ch.-l. cant. arr. Sables-d'Olonne (*Vendée*).

(7) *Venancot*, Venarsault, arr. et can. La Roche-sur-Yon (*Vendée*).

(8) Clisson, ch.-l. can. arr. Nantes (*Loire-Inférieure*).

(9) Saint-Florent-le-Vieux, ch.-l. cant. arr. Cholet (*Maine-et-Loire*).

(10).... A messire Jehan de Mornay, chevalier, chambellan de

Philippe-le-Hardi séjourna les 25, 26 et 27 à Angers, et rafraîchit ses troupes épuisées par les précédents combats. Il fit renouveler et confectionner des bannières et des étendards; on acheta pour cet objet, « cendal, soye, toille » à divers marchands d'Angers (1). Il y reçut de bonnes nouvelles des chevauchées d'Olivier de Clisson, qui lui envoya par son palefrenier deux beaux coursiers (2) provenant des captures faites sur les Anglais, selon toute apparence. Il envoya aussitôt un exprès au roy pour lui annoncer ces heureux succès et répondre au message qu'il venait d'en recevoir par Jean de Gray, messager, de Saumur. Il écrivit en même temps au duc de Bretagne, à la duchesse de Bourgogne, et offrit cinq francs aux reliques de l'église d'Angers où il entendit la messe (3).

Ces faits se passaient le mercredi 27 à Angers.

Monseigneur qui les avoit prestés à Monsgr, pour les offrir à l'église de Saint-Florent, ou il avoit esté, II francs, et à messire Guy de la Trémouille qui les avoit baillé à Monsgr, pour offrir en l'église N.-D. du dit Florent I franc, par mandement donné à Saint-Florent, XXIIIe d'octobre... III francz. *Compte d'Amiot Arnaut*, *Arch. Côte-d'Or*, B. 1438, fol. 19.

(1) *Arch. de la Côte-d'Or*, B. 1438, fol. 83.

(2) «..... Au palefrenier du sire de Clipson, pour don à lui fait, parce qu'il avoit présenté à Monseigneur 2 coursiers de par le dit sire de Clipson, par mandement de Monsgr, senz autre quittance, donné à Angiers, XXVII octobre...» *Compte d'Amiot Arnaut*, *Arch. de la Côte d'Or*, B. 1438, fol. 46 vo

(3) Mandements divers datés d'Angers, 27 octobre. — *Arch. de la Côte-d'Or*, B. 1438, fol. 55 ro.

Il en partit le lendemain matin pour Candé (1), se dirigeant à marches forcées au fond de la Bretagne avec des chevaux rafraîchis par trois jours de repos. Le 29, il couchait à Châteaubriant (2), le 30 aux fauxbourgs de Rennes (3), le 31 à Montfort (4).

Novembre. — Le duc arrivait le lundi premier novembre à *Guaiz*, que nous croyons pouvoir identifier avec le Crouais, canton de Saint-Méen, arrondissement de Montfort. Il y séjourna cinq jours entiers, sans que nos documents nous indiquent ce qui s'y passa, revint le 6 coucher à Montfort et le dimanche 7 à Rennes. Il fit distribuer de larges aumônes aux Cordeliers, aux Jacobins, aux Carmes, aux Augustins, aux frères prêcheurs, aux frères mineurs, et aux pauvres de cette ville (5). Le 8, il trouva à Rennes, Olivier de la Motte, un des écuyers du sire de

(1) Candé, ch.-l. cant. arr. Segré (*Maine-et-Loire*).

(2) Chateaubriant (*Chastel bruyant*), ch.-l. arr. (*Loire-Inférieure*).

(3) *Resnes*, Rennes, ch.-l. (*Ille-et-Vilaine*).

(4) Montfort, ch.-l. arr. (*Ille-et-Vilaine*).

(5).... Aux frères prescheurs de Renes, pour don à eulx fait pour Dieu en aumosne II francz, aux frères meneurs du dit lieu I fr.. .. A Monsg^r^, pour offrir devant l'ymage Saint Gorge en l'eglise de Resne II francz, au confesseur pour donner pour Dieu et distribuer aux povres le jour des mors, en oultre de l'aumosne ordinaire II fr. Aux Cordeliers, Jacobins, Carmes et Augustins de Renes... VI fr... aux frères et suers de l'ostel Dieu St-Jehan à Angers... VI fr. *Arch. de la Côte-d'Or*, B. 1438, fol. 19, 20.

Clisson, et lui fit un don « de grace espécial, pour lui aider à supporter les frez et missions qu'il a fait et soustenus en la main des Anglois, ennemis du réaume, où il a esté naguières prisonnier. » Le duc n'ayant sans doute pas sa chancellerie dans cette dernière expédition, fit délivrer le mandement sous le sceau d'Amaury de Fontenay, capitaine de la ville de Rennes (1).

Philippe-le-Hardi était le 9 à Château-Giron (2), le 10 à La Guerche (3), le 11 à Craon-la-Motte (4), le 12 à Lion (5), le 13 à Angers, où il séjourna cinq jours. Il y fit donner neuf francs à cinq arbalétriers qui avaient été faits prisonniers à Montreuil-Bonin, pour les aider à payer leur rançon (6).

Nous le retrouvons le 17 à Beaufort (7) et à Saumur. Il y eut onze jours de résidence à Saumur, du 18 au soir jusqu'au dimanche 28 novembre. Là se concentrèrent les forces coalisées de France et de Bourgogne, très éprouvées pendant cette campagne fatigante et mouvementée, ce qui n'empêche pas les chevaliers de prendre

(1) *Arch. de la Côte-d'Or*, B. 1438, fol. 46 v°.
(2) Châteaugiron, ch.-l. can. arr. Rennes (*Ille-et-Vilaine*).
(3) La Guerche, ch.-l. can. arr. Vitré (*Ille et-Vilaine*).
(4) Craon, ch.-l. can. arr. Château-Gontier (*Mayenne*).
(5) Lion-d'Angers, ch.-l. can. arr. Segré (*Maine-et-Loire*).
(6) *Arch. de la Côte-d'Or*, B. 1438, fol. 49.
(7) Beaufort, ch.-l. can. arr. Baugé (*Maine-et-Loire*).

« leurs ébastements à divers jeux, » entre ces sièges et ces passes d'armes. A Saumur, le duc perd à différentes reprises cent cinquante francs aux dés avec Bertrand du Guesclin et le sire de Clisson (1). Passe encore pour les dés, mais le même jour, le duc perd trente et un francs au jeu de paume, qui lui sont gagnés par un chevalier, Cadifer de la Salle (2). C'était près de deux cents francs que perdait le duc ; il fallut, en rentrant à Paris, avoir recours à la bourse de Barthélemy Spifame (3).

Le conseil des chevaliers était d'attendre de nouveaux renforts pour terminer cette expédition pa une action décisive sur Thouars (4), où les ennemis étaient en force. Le 26, le duc de Bourgogne dépêcha son chevaucheur, Tassin le Bougre, qui partit de Saumur en Beauce, porter

(1) « A Monsg[r] pour jouer aux dés en la compaignie de messire Bertran du Guesclin connestable de France, du sire de Clipson et autres à plusieurs fois., . Saumur XXIIe novembre 64 francz... » *Arch. Côte-d'Or*, B. 1438 fol. 20.

(2) « A messire Cadifer de la Sale, chevalier, auquel mon dit seigneur les avoit perduz estant au jeu de paume .. XXIIe novembre, XXXI fr. » *Loco citato.*

(3) « A Sire Berthelemi Spifame qui le XVIe jour de décembre darrièrement passé les bailla à Monsg[r] et yceulx Mg[r] perdit au jeu de dés en la compaignie du comte de Tancarville, du connestable de France, du seigneur de la Rivière et autres, cc francz...» *Arch. Côte-d'Or*, B. 1438 fol. 20. Le duc rentra le 11 novembre au soir à Paris. c'est le 16 qu'il fait un emprunt à Spifame.

(4) Thouars, ch.-l. can. arr. Bressuire (*Deux-Sèvres*).

des lettres au duc de Lorraine pour lui dire d'accélérer sa marche et de hâter son arrivée. Un héraut fut également expédié pour le même objet au comte du Perche en Bretagne (1). Il écrivit aussi le même jour au vicomte de Rohan, à la duchesse de Bourgogne et à Barthélemy Spifame, auquel il réclamait très souvent de l'argent (2).

On partit le 29 de Saumur pour Montreuil-Bellay (3), où Philippe-le-Hardi traita Bureau de la Rivière, Nicolas Braque et divers chevaliers. Le mardi 30, jour de la Saint-André, on « logea aux champs devant Thouars, » et on gîta à Montreuil-Bellay. Les ducs de Lorraine et le comte du Perche, fidèles au rendez-vous qui leur avait été assigné, y arrivèrent avec leurs compagnies. Le duc de Bourgogne gratifia le comte du Perche d'un coursier sous poil gris, le comte de Dammartin d'un coursier bai et le sire Raoul Taisson, chevalier de Normandie, d'un cheval gris (4).

— *Décembre.* — Le mercredi 1er décembre, toutes les forces réunies du duc de Bourgogne,

(1) *Bibl. Nat. coll. Bourg.* t. 21, fol. 9 r°.

(2) Lettres datées de Saumur, 22, 24, 26 novembre. — *Arch. de la Côte-d'Or*, B. 1438, fol. 55 v°.

(3) Montreuil-Bellay, ch.-l. can. arr. Saumur (*Maine-et-Loire*).

(4) *Bibl. nat. coll. Bourg.* t. 21, fol. 9 r°, d'après deux mandements du duc, de Dijon 23 avril et d'Argilly 5 mars.

du duc de Lorraine, du comte de La Marche, du vicomte de Rohan étaient encore *aux champs devant Thouars*. Le soir, la place était en leur puissance. Des lettres hâtives, annonçant cette importante nouvelle, furent aussitôt adressées au roi (1). Le lendemain 2, le duc traitait à Saumur tous les chevaliers ses compagnons d'armes, qui avaient pris part à l'action. Deux cents personnes mangèrent en salle, et cent cinquante-quatre, n'ayant pu y trouver place, mangèrent dehors.

La campagne était terminée. Philippe-le-Hardi reprit à petites journées le chemin de Paris. Il s'arrêta le 3 et le 4 à Chinon, et voulut se rattrapper avec le connétable du Guesclin, Olivier de Clisson et Bureau de la Rivière, de ses récentes pertes au jeu (2) ; mais la fortune, qui lui avait ménagé des succès militaires, lui tint rigueur : il perdit encore. Le dimanche 5 fut passé à Tours. Il coucha le 6 à Château-Renaut, le 7 à Cloye, le 8 et le 9 à Chartres, le 10 à Saint-Cler-de-Gomez.

Le connétable du Guesclin qui l'avait précédé

(1) *Arch. de la Côte-d'Or*, B. 1438 fol. 56 r°.

(2) « A Monseigneur pour soy esbatre jouer aux dés à Chinon darrièrement qu'il y fut, en la compagnie du connestable de France, du sire de Clipson et de Monseigneur de la Rivière, par mandement sens autre quittance... Donné à Paris, XVI° de décembre... XL francz — (Comptes généraux de Amiot Arnaut, receveur général, *Arch. de la Côte-d'Or*, B. 1438, fol. r°).

à Paris, revint au-devant de lui à Bourg-la-Reine avec plusieurs chevaliers et écuyers, le samedi 11, et tous arrivèrent le soir à Paris *gister devers le Roy*.

Après huit jours de résidence vers le roi son frère, Philippe-le-Hardi prit congé de Charles V le dimanche 19, et rejoignit en Bourgogne la duchesse qui vint le recevoir à Saulx-le-Duc, le 28. Le lendemain, il était installé dans son château de Rouvre, près Dijon.

On voit quelle part d'action Philippe-le-Hardi prit à cette expédition. On peut se donner la puérile satisfaction de compter, qu'en l'espace d'un peu plus de cinq mois, dans une campagne signalée par tant de sièges et de combats divers, au milieu de ces marches et contre-marches incessantes, il avait parcouru sept cents lieues à travers douze de nos anciennes provinces et vingt-cinq de nos départements actuels. On reste confondu de voir la multiplicité et la rapidité relative de ces voyages, et l'on se demande si l'homme le plus robuste pourrait s'accommoder d'un tel genre de vie, avec la facilité de locomotion que la civilisation moderne met à notre disposition.

Ces quelques pages ont été rédigées avec des documents absolument inédits, tirés d'un travail d'ensemble sur les *Itinéraires de Philippe-le-Hardi et de Jean-sans-Peur*, dont le *Comité des travaux historiques* a décidé la publication.

On a tenu à ne se servir ici d'aucune mention quelconque déjà publiée dans un livre. On n'a pas cru devoir citer à chaque ligne les sources de ces itinéraires, elles seront indiquées dans le travail ; on a seulement indiqué la provenance des notes additionnelles inédites fournies par les comptes originaux des Archives de la Côte-d'Or, qui seront d'ailleurs annexées à ces itinéraires.

L'ensemble de ces matériaux présente, on le voit, une véritable *Chronique*, absolument neuve, qui servira merveilleusement à éclairer les textes de nos chroniqueurs, et donnera aux événements historiques des dates qui leur font trop souvent défaut. Les travailleurs qui s'intéressent aux XIVe et XVe siècles, y trouveront sur les hommes et les choses des renseignements précieux et inattendus, mais surtout les éléments de la plus irréprochable chronologie.

DIJON, IMP. DARANTIERE, RUE CHABOT-CHARNY, 65

www.ingramcontent.com/pod-product-compliance
Lightning Source LLC
LaVergne TN
LVHW010313230826
846091LV00007B/3136
9782019217044